AF296557

Gaspard-Melchior-Adrien MUNET

Procureur de la République a Belley

Né à Lyon le 31 octobre 1838. Avocat à la Cour d'appel de Lyon, Juge suppléant au Tribunal civil de Lyon le 20 août 1861. Juge titulaire au Tribunal civil de Belley (Ain), le 24 juin 1865. Procureur impérial à Belley le 20 janvier 1869. Remplacé le 3 octobre 1870. Procureur de la République à Belley le 17 juillet 1871. Démissionnaire le 30 juillet 1877. Décédé à Lyon le 20 novembre 1906.

La vieille magistrature lyonnaise et particulièrement celle de l'Ain ont été peu après la disparition soudaine de M. Brye-Vertamy, qui avait présidé avec tant de distinction le Tribunal de Bourg, douloureusement éprouvées par un nouveau deuil. Plus les années s'accumulent sur nos têtes, plus les vides se creusent, plus les rangs de nos anciens collègues s'éclaircissent et plus nous devons rendre hommage à leur chère mémoire en fixant les enseignements qu'ils nous ont laissés et en mesurant toute l'étendue de nos regrets.

Adrien Munet était né non loin du Palais où semblaient le destiner ses honorables parents et ses inclinations personnelles. Son frère Paul appartenait au grand barreau de Lyon, si riche en éloquence, où son talent délicat lui assurait une brillante carrière, malheureusement brisée par une fin prématurée. Entré lui-même, par une précoce alliance, dans une famille très connue et dont la considération se reflétait sur la sienne, il bornait ses vœux à ne pas s'éloigner de sa ville natale et à remplir des fonctions judiciaires qui lui permissent d'élever paisiblement ses jeunes enfants, tout en rendant des services à ses concitoyens. Ces vœux modestes furent promptement satisfaits. En 1864 il fut nommé juge suppléant au Tribunal civil de Lyon et, l'année suivante, juge titulaire à celui de Belley. Il y passa quatre ans. Scrupuleux observateur des règles professionnelles, sans oublier les devoirs sociaux, généreux, bienfaisant, charitable, il acquit une influence, j'allais dire une autorité, telle que ses chefs l'estimèrent digne d'un avancement sur place. Sur leur proposition, un décret lui confia la direction de l'action publique dans la même ville.

Je vais probablement émettre un lieu commun, un truisme, s'il s'applique surtout aux dépositaires de la justice que j'ai seul connus autrefois, dans ces temps si lointains qu'on se prend parfois à douter de leur existence, tant ils paraissent préhistoriques, quoiqu'ils ne remontent pas encore à une quarantaine d'années. L'éloge serait aujourd'hui paradoxal et passerait pour une basse flatterie. Adrien Munet avait l'esprit *magistrat*, en d'autres termes il était indépendant. Ponctuel, exact, assidu, discipliné dans l'exercice de ses fonctions, il l'était ; mais en outre il gardait jalousement son franc parler et son libre juger. De toutes les qualités nécessaires au magistrat assis ou debout, ce n'est pas la plus superflue. L'officier du ministère public peut posséder à fond la doctrine et la jurisprudence, il peut, comme certains, colliger dans sa mémoire fidèle jusqu'à la date des arrêts, sa science et sa parole peuvent être, à l'audience ou dans son cabinet, abondantes et faciles, il ne sera pas magistrat s'il est à la merci d'une suggestion intéressée s'il se tient à la dévotion d'un ami, d'un parti, d'un chef, de son propre élu. Notre regretté collègue était si pénétré de cette vérité moins vulgaire et moins banale qu'on pense, qu'il ne cessa pas d'y conformer sa conduite sous des régimes différents. Par extraordinaire, il en fut récompensé. Rendu malgré lui à la vie privée après le 4 septembre 1870, il fut peut-être à son étonnement replacé en 1871 à la tête du parquet de Belley par M. Thiers, sur la demande du garde des sceaux. M. Dufaure avait de ces inspiratrices, parce qu'il savait discerner la fermeté des convictions et des consciences.

Munet reprit donc ses fonctions comme s'il ne les avait jamais quittées. Mais un jour vint où l'exil lui parut pesant et trop prolongé. Il appelait exil la distance qui le séparait de Lyon auquel le rattachaient des liens étroits autant que nombreux. On dit qu'un poste vacant qu'il ambitionnait en secret lui ayant échappé, il saisit cette occasion, sinon ce prétexte, pour démissionner en silence. Je ne sais. Ce dont je suis sûr, c'est qu'il revit avec allégresse son berceau et les compagnons de son enfance.

Sans se prodiguer au dehors ni rien regretter, il s'enferma chez lui, tout aux joies intimes du foyer domestique, de la famille, de l'amitié, à la recherche des misères éloignées, au soulagement des malheureux. Il y fut puissamment aidé par sa pieuse et vaillante compagne qui le doublait sans se lasser dans ses œuvres de charité nouvelles, là où il portait ses pas. Sur le soir, les souffrances physiques ne lui furent pas épargnées, mais ne refroidirent pas son zèle. Il y était résigné d'avance. Elles n'arrachèrent pas une plainte à son âme épurée et confiante dans les promesses éternelles. La mort, une brusque mort, ne pouvait le surprendre. Elle le trouva prêt. Sa vie s'éteignit comme il l'avait souhaité, sur la terre des aïeux, entre les bras des siens, dans la sérénité et la paix des justes qui n'ont jamais forligné.

N. B. Cette notice est sans doute la dernière œuvre de M. Henri Beaune qui l'a écrite la veille du jour où a commencé sa dernière maladie.

Henri BEAUNE

Procureur Général a Lyon

Henri Beaune, né à Dijon, le 24 août 1833. Avocat à Dijon, Substitut à Langres, le 5 mai 1858 ; à Chaumont, le 6 juillet 1860 ; à Dijon, le 6 juillet 1862. Procureur impérial à Louhans, le 5 février 1865. Substitut du procureur général à Dijon le 7 octobre 1866. Avocat général à la même cour le 20 mai 1870. Procureur général à Alger le 24 février 1874 ; à Aix le 20 octobre 1875 ; à Lyon le 25 mai 1877. Avocat général à la Cour de cassation par décret du 27 janvier 1879, non inséré au *Journal Officiel* à raison de la démission du maréchal de Mac-Mahon. Remplacé le 11 février 1879.

Officier d'académie le 27 avril 1867, chevalier de la Légion d'honneur le 4 août 1873. Officier de l'Instruction publique le 10 avril 1875.

Décoré du Mérite civil d'Autriche le 31 janvier 1866, chevalier de l'ordre d'Isabelle la Catholique le 25 février 1868. Chevalier de Saint-Grégoire-le-Grand le 17 novembre 1868. Commandeur de l'Ordre de Charles III le 7 mars 1877. Commandeur de Saint-Grégoire-le-Grand le 13 février 1883. Décoré de la croix *Pro Ecclesia et Pontifice* et de la médaille de Léon XIII le 30 décembre 1888.

Correspondant du ministère de l'Instruction publique pour les travaux historiques en 1867 ; de l'Académie des sciences morales et politiques d'Espagne ; de l'Académie de législation, docteur *ad honorem* de l'Université de Louvain, etc. — Trois fois lauréat de l'Institut. Membre de l'Académie des sciences, belles-lettres et arts de Lyon ; élu deux fois président de cette Académie.

Décédé à Lyon le 30 décembre 1906.

M. Isidore Gilardin, conseiller honoraire à la Cour d'appel de Lyon, a prononcé le discours suivant à l'Assemblée générale des Anciens Magistrats.

Mes chers collègues,

La mort de notre ami et bien cher président, Henri Beaune, nous a causé à tous une si profonde affliction, elle a fait parmi nous un tel vide qu'elle nous a laissés dans un état de véritable détresse morale, et le temps, loin de la calmer, ne fait que nous rendre encore plus sensible toute la grandeur de cette perte.

En attendant qu'un plus digne et complet hommage puisse être rendu à cet homme éminent pour sa noble vie et ses remarquables ouvrages, nous avons réuni pour la Société des Anciens Magistrats les détails de sa biographie, et les principaux traits propres à fixer son souvenir et à illustrer la mémoire de celui qui a été de notre temps le dernier représentant de nos grands magistrats d'autrefois.

Henri Beaune est né à Dijon le 24 août 1833. Il a débuté dans la magistrature le 5 mai 1858 en qualité de substitut au tribunal de Langres, il a été successivement nommé le 6 juillet 1860 substitut au tribunal de Chaumont, le 6 juillet 1862 substitut au tribunal de Dijon, le 5 février 1865 procureur impérial à Louhans, le 7 octobre 1866 substitut du procureur général à la cour de Dijon et le 20 mai 1870 avocat général près la même cour. Il a ainsi franchi un à un tous les degrés de la hiérarchie judiciaire. Il

s'est distingué partout par la dignité de son caractère et par ses qualités d'écrivain et d'érudit
manifestées déjà par d'importantes publications
judiciaires et historiques.

Mais c'est surtout dans ses fonctions d'avocat
général qu'il s'est acquis un légitime renom par
ses belles qualités d'audience, sa haute intelli-
gence et l'étendue de ses connaissances. Il a
prononcé notamment à la cour de Dijon deux
discours remarquables qui ont appelé sur lui
l'attention, le premier en 1867 sur les réformes
judiciaires dans les cahiers de 1889, le deuxième
en 1872 sur le paradoxe moderne. Aussi M. le
garde des sceaux Dufaure ne tarda pas à appré-
cier ses mérites exceptionnels et l'appela le 24 février 1874 au poste de procureur général à
Alger. Là il manifesta encore sa supériorité et
rendit de nouveaux services en concourant avec
le général Chanzy à la réforme de la législation
musulmane et à la pacification de la Kabylie. Aussi
dès le 20 octobre 1875 il fut nommé procureur
général à la cour d'Aix où il fut chargé de réor-
ganiser les tribunaux des Echelles du Levant ; et
enfin le 25 mai 1877 il fut nommé procureur

général près la cour de Lyon. Ses discours d'ins-
tallation dans ces trois cours différentes n'ont pas
été moins remarquables par l'élévation de ses
idées et sa belle conception de ses devoirs de magistrat, que par l'éclat et la perfection de la
forme qui lui étaient propres. C'est dans ses
hautes fonctions qu'il a donné la mesure de son
caractère si ferme et si juste, de sa droiture, de
sa modération, — de son exquise bienveillance, —
de toutes les qualités morales des grands magistrats qu'il avait si bien louées dans ses écrits
avant d'en donner lui-même un si admirable
exemple. Quels grands services ne semblait-il
pas destiné à rendre encore à la justice et à son
pays, après avoir ainsi réalisé toutes ses nobles
et légitimes ambitions ?

Mais Dieu avait d'autres vues sur cette belle
âme chrétienne. Il lui fallait le sceau de l'épreuve
et de la souffrance pour la grandir et l'appeler
encore à une plus haute perfection en la rendant
capable de remplir de nouveaux devoirs et d'ac-
quérir d'autres mérites.

En 1879 s'éleva la tourmente qui n'a pas cessé
son œuvre de destruction, et le maréchal de Mac-

Mahon dut se retirer. M. Dufaure tenta de sauver le Procureur général de Lyon en le nommant par un décret du 27 janvier avocat général à la Cour de cassation, poste auquel il le destinait et qu'il aurait si dignement rempli. Mais le décret ne fut point inséré au *Journal officiel;* l'éminent magistrat fut sacrifié et remplacé le 11 février suivant.

Cette mesure, qui souleva à Lyon une juste réprobation, fut sans doute pour Henri Beaune le plus amer chagrin. Il aimait avec passion la magistrature à laquelle il s'était préparé par un si grand labeur; et il estimait qu'on ne pouvait pas mieux servir son pays que par le culte indépendant et désintéressé du droit et de la justice. Mais il ne se laissa pas abattre, et il oublia ses souffrances quand il assista à l'épreuve de ses collègues atteints par le même sort, quand il vit ensuite tous ces magistrats du parquet dont il avait été le chef donner l'héroïque exemple de se démettre de leurs fonctions pour obéir à leur conscience, et quand il vit en 1883 l'inamovibilité des juges violée et la magistrature décimée et asservie. Il souffrit bien plus encore de tous les maux qui devaient être la conséquence de ces attentats pour sa foi catholique et pour son pays, et sur lesquels son esprit si clairvoyant ne se faisait aucune illusion. Alors il se releva, et il prit une énergique résolution, celle de devenir le défenseur et le soutien de tous ces magistrats victimes de leur devoir, de tous les persécutés, et de travailler sans trêve ni repos, par sa parole et par ses écrits, à la défense de la religion et de la patrie en péril. Telle est la grande tâche à laquelle il a consacré la seconde partie de sa noble vie. Vous avez tous été témoins du dévoûment admirable avec lequel il l'a remplie, en acquérant de tels mérites et de si justes titres à l'estime et à la reconnaissance de tous.

*
* *

En 1880, il accepta une chaire d'histoire du Droit français à la Faculté catholique, et son enseignement, si bien préparé par tous ses travaux juridiques, y obtint un légitime succès. Il y a été nommé en 1894, à l'unanimité des suffrages de ses collègues, doyen de cette Faculté, et il exerça ces fonctions jusqu'à sa mort, qui a eu lieu le 30 décembre 1906. Une voix plus autorisée, celle du distingué Recteur de la Faculté, y fera l'éloge des grands services qu'il y a rendus à l'Eglise et au pays en consacrant tout son zèle et ses talents à ce brillant enseignement, et en formant autour de lui toute une élite de jeunes gens appelés à devenir des hommes dévoués et capables de servir utilement leur foi et leur pays.

C'est dans cette période de sa vie qu'il a écrit la plus grande partie de ses œuvres si nombreuses et si diverses, qui sont relatives soit au Droit soit à l'Histoire, à la Littérature et à l'Archéologie. Leur seule énumération faite par les recueils de bibliographie contemporaine dépasse le chiffre de cent. Elles se distinguent la plupart par leur haute portée morale et l'élévation de la pensée religieuse qui les anime. Elles témoignent toutes d'une puissance de travail, d'une étendue d'érudition et de recherches vraiment surprenantes. Elles ne sont pas moins remarquables par la sûreté des jugements et des appréciations et par les talents d'exposition et de style de l'écrivain. Aussi ont-elles valu à leur auteur les plus précieuses distinctions. Trois ont été couronnées par l'Institut, notamment son principal ouvrage en quatre volumes sur l'*Histoire du Droit coutumier*, qui a déjà obtenu le succès durable des œuvres classiques. Les deux autres prix lui ont été décernés pour ses travaux historiques.

Chevalier de la Légion d'honneur depuis 1873 et officier de l'Instruction publique depuis 1875, il avait été nommé en outre commandeur des Ordres de Saint-Grégoire-le-Grand, de Charles III et d'Isabelle la Catholique, décoré de la médaille du mérite civil d'Autriche et de la croix pontificale de Léon XIII. Il était en outre correspondant du ministère de l'Instruction publique pour les travaux historiques et membre d'un grand nombre de Sociétés savantes françaises et étrangères. Il faisait surtout partie de l'Académie des Sciences, Belles-Lettres et Arts de Lyon, qui l'a élu deux fois son président et où il occupait une si grande place. Aussi le président actuel de l'Académie, M. Tavernier y a-t-il déjà fait dignement l'éloge du savant académicien et de ses œuvres.

Mais, mes chers Collègues, l'hommage et le culte du souvenir que nous rendons aujourd'hui au grand magistrat que fut Henri Beaune serait bien incomplet et ne répondrait pas à votre attente si nous ne rappelions le rôle admirable qu'il a rempli jusqu'à son dernier jour comme fondateur et président de la Société des Anciens Magistrats. Il a eu la belle idée de former entre vous une vraie famille judiciaire, de vous réunir chaque année dans un banquet fraternel, de vous instituer les fidèles gardiens du culte de la justice et des traditions de la vieille magistrature que vous représentez si noblement. Il a établi aussi entre vous une généreuse assistance afin de venir en aide par tous les moyens à ceux qui pouvaient en avoir besoin, de manière à ce qu'aucun d'eux ne puisse être malheureux sans être immédiatement et discrètement secouru.

Il a fait plus encore, il a voulu qu'aucun des vôtres ne pût mourir sans qu'on lui rendît un hommage digne de lui pour perpétuer la mémoire de ses services de magistrat, et de sa noble vie. Vous savez avec quelle tendresse et quels accents élevés il s'est lui-même acquitté de ce pieux devoir, témoins ses nombreux discours et les notices biographiques qu'il a écrites à cette occasion, qui sont de vrais chefs-d'œuvre de sentiment, et qui resteront comme des titres d'honneur dans les familles des anciens magistrats disparus. Comme il a su y louer dignement ses collègues d'avoir fait l'admirable sacrifice de leurs fonctions à leur conscience, en montrant combien ils avaient donné à tous un fortifiant exemple qui a été si noblement suivi dans notre armée, et combien ils avaient contribué à enrichir le trésor moral de la France !

Aussi, mes chers Collègues, lorsque sa santé déjà atteinte, l'empêcha, il y a deux ans, de présider votre banquet, en quels termes émus et attristés vous lui exprimiez vos tendres vœux et votre reconnaissance, en le revendiquant non pas tant comme le magistrat de grand renom et le professeur admiré de tous, mais surtout comme le meilleur des vôtres, comme le fondateur de cette famille si unie dont il était l'âme et qui ne pourrait vivre sans lui, l'homme portant dans son cœur l'amour de vous tous, recherchant dans les mystères de la grande ville les détresses stoïquement dissimulées des victimes du devoir judiciaire, et enfin, debout près de toutes les tombes creusées à l'intention des vôtres, et trouvant des

accents éloquents pour exalter les vertus modestes et pour glorifier les vaincus !

L'année dernière, il a pu encore présider notre
réunion et nous y a adressé ses dernières paroles,
que nous devons vous rappeler parce qu'elles
expriment bien les admirables sentiments de
cette belle âme : « Ayons confiance malgré tout,
« nous disait-il, et ne désespérons pas de l'ave-
« nir, non pas pour nous, mais pour le pays.
« J'ignore ce qu'il nous réserve, mais ce dont je
« suis certain, c'est qu'il y aura toujours autour
« de nous du bien à faire, des souffrances, des
« misères à consoler et à guérir, une religion,
« un droit, une morale et des idées saines à dé-
« fendre, une patrie, enfin, à aimer et à servir ! »

Heureux le magistrat qui a ainsi accompli sa
tâche, qui a donné sa vie à toutes les grandes et
saintes causes, et qui nous a laissé de tels exem-
ples ! Il a pu, suivant le noble désir qu'il avait
lui-même exprimé, s'endormir en paix, confiant
dans le respect d'ici-bas, et dans la bonté d'en-
haut. Ne le plaignons pas, car il a eu faim et soif
de la justice, et il en a été rassasié !

Lyon. — Imp. Emmanuel VITTE, rue de la Quarantaine, 18